삶의 길에서

삶의 길에서

초판1쇄 발행 2025년 9월 25일

지은이 김옥화
펴낸이 이길안
펴낸곳 세종출판사

주소 부산광역시 중구 흑교로 71번길 12 (보수동2가)
전화 463 – 5898, 253 – 2213~5
팩스 248 – 4880
전자우편 sjpl5898@daum.net
출판등록 제02-01-96

ISBN 979-11-5979-812-2 03810

정가 12,000원

ΛΛ/ 한국예술인복지재단
KOREAN ARTISTS WELFARE FOUNDATION

이번 작품을 창작하는 데는 한국예술인복지재단 2025년도 디딤돌 창작기금지원을 받았습니다.

이 책은 저작권법에 따라 보호받는 저작물이므로 무단전재와
무단복제를 금지하며, 이 책 내용의 전부 또는 일부 내용을 재사용하려면
사전에 저작권자와 세종출판사의 동의를 받아야 합니다.
* 잘못된 책은 교환해 드립니다.

삶의 길에서

김옥화 시집

세종출판사

시인의 말

어느덧
시간이 이렇게 흘러갔다
그렇지만 어려운 시의 고통을 맛보며
언어로 표현하려고 애쓴 흔적을 갖는 것은
나의 삶에 있어서 큰 행운이다
만약,
내가 쓴 한 편의 시詩가
이웃의 시詩가 되어
위로가 된다면…

소망한다.

2025년 8월 끝자락에서
김옥화 쓰다

차례

시인의 말 · 5

제1장 외출

외출	15
3월에는	16
홍매화 한 그루	17
봄비, 그렇게 오다	18
벤치에서	19
걸작	20
목련	21
청춘예찬	22
사랑은 봄처럼	23
자연스럽게	24
월영	26
오월에, 나는	28
이른 봄날 산책길에서	29
나도 너에게 선물이 되고 싶다	30
펜	32
공작선인장	33
벚나무의 계절	34

제2장 햇살 미소

햇살 미소	37
나팔꽃 나발 불다	38
해바라기	40
능소화 연정	41
옥수수	42
한여름 요즘	43
별이 빛나는 밤	44
옛 빨래터에서	46
에피소드	47
너의 이름을	48
서랍장	49
원두막	50
거마장	51
재회의 현장에서	52
장맛비 속에서 만난 미소	54
여유	55

제3장 삶의 길에서

삶의 길에서	59
미나리	60
모란을 보며	62
오월	63
어머니의 봄날	64
비 오는 날	65
내 고향 바다	66
그리운 어머니	68
보리밥	70
김장	72
그 밤은 짧았다	73
나의 아버지	74
검정고무신	76
설날 풍습	78
추석	80
의학박사의 현재	81

제4장 솔잎 향기를 그리다

가을엔	85
고향집 감나무	86
사랑의 엽서	87
코스모스의 가을에서	88
시인의 계절	89
석류의 시월	90
아직 가을인데	91
수숫대 머리에 앉은 바람소리	92
가을 만찬	93
낙엽 한 잎	94
입동	95
그대에게 편지를 쓰고 싶은 날	96
커피 한잔의 유혹	97
겨울의 끝자락	98
숲길을 걸으며	99
지하철 여행	100
솔잎 향기를 그리다	101
꽃바람	102
감사함을 생각하다	103

제5장 인생의 뒤안길

나목裸木	107
겨울나기	108
뒷동산 동백	109
서녘을 넘는 동백꽃	110
외로움	111
삶의 그루터기	112
이별 뒤에	114
겨울은	116
인생의 뒤안길	117
청사초롱 불 밝히다	118
꽃길	119
태국에서	120
마음에 비추어	122
숙제 앞에는	123
45년 전통에서	124
건망증	126
12월 달력을 보며	127
해송의 노래	128

제6장 그리운 고향 길

벚꽃이 필 때면	131
그리운 고향 길	132
귀농부부 이야기	134
외딴집 이야기	136
보리밭	137
토종	138
증오	139
한파	140
생명수	141
들국화	142
예전의 봄을 기다리며	143
찔레꽃	144
폐교의 그림자	145
신축년을 보내면서	146
그날, 함성	147
여행길에서	148
무궁화	149
나라사랑	150
송년	151

| 해설 |
삶과 자연, 그리움의 거리 · 박미정　　　153

제1장

외출

외출

꽁꽁 얼어붙은 대지위에
서둘러 나온
햇살이 따사롭다

등을 살살 녹이는
따뜻한 기운이
새싹을 조만간 불러오겠지

겨울의 흔적을 지우지 못한
앙상한 나뭇가지 사이사이 들려오는
연둣빛의 기척

외투를 가볍게 하고
미루어 놓았던
식탁의 장식을 사러 간다

3월에는

음력 2월 영등 할망네 바람이
깔려있는
3월에는
새싹의 입술도 얼마나 시릴까

살얼음 깨어지는 소리도
산골짝마다 울리고
바위 틈 작은 꽃
기지개 편다

고된 겨울 삶
말끔히 씻어내는 봄바람
은근히 달려오는 소리 바쁘다

홍매화 한 그루

햇볕 한 줌 들지 않던 뜰
앙상한 가지에
마른 소리만 내던 홍매화
겨울 먼지 쓰고 꽃망울 틔워

꽃샘추위에 기력 잃고
입 다물고 으스스 떨고 있는 모습에
마음이 애잔하다

간밤에
토닥토닥 내린 고운 비
홍매화 한그루 위에 화사하게
새들과 이야기를 나누며
봄소식 전한다

봄비, 그렇게 오다

햇볕에다
등을 토닥이는 대지
얼었던 몸을 풀고 있다

하얀 눈자위를 털지 못한
매화나무
꽃망울을 물고 있다

공중을 날아다니는
철새 떼
떠날 길을 찾아 헤매는 날

서둘러
겨울을 보내는
봄비가 보슬보슬 내렸다

벤치에서

나의 느린 산책이
다다른 공원에는
연보랏빛 라일락이 피었다
진한 향기에
황홀한 마음이 서성거리다가
발걸음을 멈추고

아, 저기다
나를 기다리는 듯
호젓이 비어있어 발걸음을 재촉한다

열렬히
라일락의 향기에 젖어들어
서녘 노을이 비스듬히 내릴 때까지
마음의 산책을 즐겼다

걸작

흩날리는 꽃비가
실개천을 채웠다

물길 따라 가기 전에
뱅뱅 수면 위를 도는
꽃잎들의 춤사위가 걸작이다

편백나무 숲길을 따라 걷는
연인들의 가벼운 옷차림에
시선을 따라가는
다정한 봄이다

겨울동안 묻어 둔 이야기를 꺼내는
산새소리가
상쾌한 바람에 휘날려
나의 봄날이다

목련

4월의 신부처럼
은근한 미소를 띠는
목련

밤사이
틔운 꽃망울
송이송이 하얗게
탐스러운 아침을 선사한다

눈부신
꽃잎 바람결에 살포시 내려앉아

연초록 잎새가
쏘옥쏘옥 돋아나는
햇살 반김에 길을 나섰다

청춘예찬

연둣빛 잎사귀
초록의 다리를 건너간다

싱그러운 계절에
생각나는 청춘

언덕을 물들이는
하얀 아카시아 꽃처럼
향기로 왔다

눈치 빠른 소쩍새
소쩍 소쩍 노래를 부르고

서둘지 않아도
해는 중천을 지나며
하늘을 걷고 있는 날

나는 시인의 마음으로
숲을 즐기며
노래를 부르지 않을 수 없다

사랑은 봄처럼

봄꽃이 피는 봄이 왔다

눈바람 채 가시기도 전에
기다렸던 봄

화사한 꽃봉오리 가지마다
맺을 때
가슴이 몹시도 두근거렸다

와르르
와르르

피었다 무너지는 소리 깊어도
연둣빛 사랑을
두고 떠났다

사랑은 가고
떠난 줄 알았는데
가지마다 연둣빛
다시 눈 뜨는 사랑

봄꽃이 피는 봄이 왔다

자연스럽게

연못에는
맑은 물이 흐르고
올챙이가 셀 수 없이 많았다
개구리 울음소리 울려 퍼져
왁자지껄 떠들썩한 봄이 였다

이제는
인적이 드문 들녘엔
풀벌레 울음소리 서럽다

연못으로 흐르던 물줄기 사라지고
썩은 물만 고여있다

사는 일이란
사람과 자연도 다르지 않아

나이든 것을
후회하지 않은 것도 배웠다
자연으로부터

자연스럽게 흐른 것이
얼마나 소중한지

월영

1.
영원히 함께 살 것처럼
몇천 년이라도 그렇게 살 것처럼
우리는 사랑했다

티격태격하는 것도
사랑의 일부라고 웃음으로
막을 내리던 적도 많았다

세월은 그런 우리를
가만히 봐 주지 않았다

세월의 시샘이었을까

2.
어느 날
찾아온 이별은 감당할 수 없는
괴로움이었다

세월은
병도 주고 약도 주고
지나간 것을 잊게 했다
그러나 사라지지 않는
달빛 그림자처럼

내 가슴에 내려 앉아 있는
그리움은
세월이 가져가지 못 한다

오월에, 나는

오월의 햇살
낡은 울타리를 깁을 때

가시를 넘으며
투명한 몸짓으로
나의 시선을 이끄는
꽃송이의 입술에 유혹 당한다

붉다
태양의 강렬한 빛깔보다
한 잎 한 잎
꽃잎들의 빛깔 영롱하여

오월에
나는
너를 사랑할 수밖에 없다

이른 봄날 산책길에서

메마른 땅을 비집고
고개 내민 풀잎 얼굴들
연둣빛이다

침엽수 사이사이
활엽수의 나뭇가지에
부드럽게 옷깃 여미는 바람이 부드럽다

주인을 따라 걷는
강아지의 걸음이
쫄랑쫄랑 참 귀엽다

저만치 부산항에서
길게 우는 뱃고동소리는
우리 동네 동구의 자랑거리다

부산역을 빠져나가는 기적소리를 따라
새벽을 전송하고 나오는 아침
바다를 한껏 눈부시게 한다

나도 너에게 선물이 되고 싶다

1.
친구야
너는 나에게
귀한 선물이다
가식 없이 서로를 인정해 주고
허물없는 대화는 우정을
돈독하게 한다

70성상을 살아오면서
삶을 교류하며
운명도 닮아간다는 것이
무슨 조화調和일까

인생의 희로애락을
서로 기뻐해 주고 가슴 아파하며
격려와 조언이
마음의 위안이 된다

사는 날까지
건강하게 아프지 말고

항상 내 마음속에서
아름다운 모습으로
머물러 있기를 바란다

2.
서로를 의지하며
곁에 있음을 감사하고
언젠가
끝까지 동행할 수 없는
그런 날과 마주하면
인생 여정의 굴곡을
삶이라 여겼는가 싶겠지만

지나간 세월 속에
무심코 놓쳐버린
소중한 사랑의 순간들을 위안삼고
남은 평생을
잘 살아가야 하지 않겠는가

펜

나이 들수록
시간은 더 소중해지고
빈 마음 채우지 못하여
날마다 펜을 든다

지난 일기장을 들여다보듯
추억을 쓰다
지우기를 반복하다
만난 시詩

나의 깊은 내면을
스스로 꺼내기가 버겁기는 하여도
슬픔과 외로움의 좋은 벗이 되어 주어
글을 쓴다

한세상 살면서
칠순에 만난
시詩와 동행하여
제2 나의 황금빛 인생을 닦는다

공작선인장

지지대에 의존해
눈 길 한번 주지 않은데도
이른 여름이면
날개를 펼쳐 솟아오를 듯

화려한 꽃의 자태
뜨거운 태양의 빛깔은
사막의 정열을 그대로 옮겨 놓고

해질녘 곱게
입술을 여는
요염한 짓은
나를 먼저 유혹하여

엷은 실루엣을 드리운
나의 그림자는
더위를 잊은 공작새 되네

벗나무의 계절

겨울을 견딘
시린 나목의 가슴은 따뜻하여
봄을 피운다

인생도
고뇌와 시련을 인내하면
숙명인 듯한 슬픔도
향기로운 삶이 되겠지

가끔
계절도 상관없이
꽁꽁 어는 가슴에 손을 댄다

봄 같은
따뜻함을 기다리면서
벗나무에
분홍햇살이 스몄다

새들보다 먼저 찾아가
피는 꽃, 마중을 해야겠다

제2장
햇살 미소

햇살 미소

꽁꽁 얼었던 땅
쑤욱 뚫고
움트는 소식

꽃샘추위에
수줍게 웃고 있다

공중을 날아다니는
새,
우리 집 뜰에 찾아와 서성인다

움츠렸던 모란도 기지개 펴고
꽃망울 물고 있어
향기 가득한 봄의 길목

날씨를 닮은 바람 속에
내 마음도
햇살 미소를 따라 쾌청하여
길을 나선다

나팔꽃 나발 불다

나발 부는 소리에
여름 아침이 깼다
나 어릴 적에

한 낮엔
입을 꾸욱 다물어
아침마다 활기차던 담장이 조용했다
나 어릴 적에

생각해 보면
마디마디 조롱조롱 줄기를 타고
올라가는 나팔소리에
나의 여름이 상쾌한 적이 많다

안팎으로 소란스럽게
나발 부는 소리로, 날마다
시원하고 상쾌하게 신바람 부는
그런 아침이 그립다

적적한 집에서
홀로 일 때, 가끔
계절과 상관없이
내 마음은 나팔꽃 나발 분다

해바라기

해님만 보다
얼굴이 동그랗게 되었을까

사랑하다 닮아버려
동그란 얼굴이 되었을까

누가 먼저 사랑하여
누가 먼저 사랑하여

내내
동그랗게 동그랗게

능소화 연정

하룻밤 첫 정
사무친 그리움

이제나 저네나 오시려나
애타게 기다리는 슬픔

풍경소리 가까이
들리는 기도문

마디마디 붉게 피어오르다
비에 젖어

뚝뚝 떨어지는
슬픔을 아시나요

옥수수

한여름
뙤약볕의 선물

텃밭을 에두르고 있는
옥수수
수염이 길다

바쁜 어머니의 손
소쿠리에다 삶은 옥수수
평상위에 내려놓으면
함박웃음 터진다

톡톡 깨물고
씹을수록 더해지는 구수한 맛
하모니카로 전해져 왔다

한여름 요즘

여름바다의 파도소리 곁에서
낭만을 즐기던
그 시절은
잊혀져가는 유토피아

기록적 폭염의 수위를
날마다 갱신하는
요즘

인파의 틈에서
백사장의 모래는
지글지글 끓는다

잠시라도
맨발을 내디딜 수 없는
지열의 광기에
매미의 목젖이 찢어지고

수박 한통 먹어내기가
눈 깜빡 할 사이
한여름 밤은 느릿느릿 저문다

별이 빛나는 밤

내 유년시절의 밤하늘
언제나
별이 빛났다

친구랑 냇가에서
옹기종기 모여앉아
"저 별은 나의 별"
여름날 밤은
별똥별이 떨어지기도 하였다

낭만의 별
아직도
내 마음속에 그리움을 불러들여
창문 흔드는 바람소리에
하늘을 자연스럽게 올려다본다

주마등처럼 스치는
지나간 날의
별이 빛나는 밤을 향해

떠나는 밤
유난히
향수에 젖는다

옛 빨래터에서

고향마을 어귀에 들어서면
빨래터를
먼저 찾는다

수다를 떨고
이야기를 나누며
빨래 방망이 두들기는 소리에
한낮도 짧았던

인적이 드문 그곳에는
잡초가 우거져
터를 명맥을 잇고 있다

옛 실루엣이 되어
스쳐가는 얼굴들

고향에는
그리움이 쌓여있다

에피소드

그 시절엔
무궁화호를 타면 창문을 열 수 있었다
밀양으로 가던 날 제법 값을 치른
모자가 바깥으로 날아갔다

선반위에 얹어 놓은 그것은
마치 날개를 단 듯
창문 바깥으로

바람의 위력에
빤히 보면서도 잡지 못하고
발만 동동 굴렸다

그나마 다행인 것은
봉사활동 가던 참이라
마음도 넉넉해진 탓인지
아·이·쿠·야
두어 번 외쳤을 뿐이었지만

오래도록 나를 아쉽게 한
참, 얄미운 바람이 그때 있었다

너의 이름을

너의 미소
그리움으로 피어나
아련한 시간으로 흘러가게 하네

흘러간
순간들
살아가면서 하나 둘인가

세월이 쌓여도
잊혀 지지 않는
모습

가끔
허공을 향해
부른다, 너의 이름을

서랍장

헝클어진 명상에
잠을 뒤척이다
지나간 시간의 서랍장을 열었다

차곡차곡 밀어 넣어 둔
기억들이
뒤죽박죽이 되어 삭아있다

행여나 추억 끝에 흠이라도 생길까봐
명주실 타래를 풀듯
조심스럽게 살-살 하나씩 끄집어낸
그것들

풀어헤치면 한 마당도 넘칠
그리움이 되어 피고 있다

글을 심는 백지 위에
시인의 밤은 사라지고
서랍장에 오늘의 시간을 접어 넣는다

원두막

한 여름 땡볕아래
신록 잎 사이
고개를 삐죽삐죽 내민 참외는
노랗게 유혹했다

입안에 군침이 살살 돌면
누가 먼저랄 것도 없이
이 동네 저 동네에서 모여든
또래들

청춘의 나이도 잊고
참외 맛에 반해
보따리에 싸고 지고이고

어둑어둑해지는
둑길을 걸어 나오며
덩그러니 혼자 남은 원두막
외로운 참외 지기였다

거마장

해식동굴인 용궁
용이 승천했다는 전설이 있다

기암절벽에 부딪히는 파도
하얀 포말이 떨어질 때

나는
가끔 여의주의 빛깔을 줍는다

재회의 현장에서

60년 만에 친구들을 만났다
앳된 얼굴들은
세월 속에 사라지고
어느 새 주름진 어머니의 모습이다

그래도
바람의 선율을 타고 안부를 묻던
목소리는 변함이 없다
반가움이 금방
동심으로 돌아간다

삶의 나이테는
살아온 훈장이다

손마디의 굳은살마저
곱고 따뜻한
우리 친구들
얼마나 더 만날 수 있을지

봄 · 여름 · 가을 · 겨울
만나자는 약속을 하고
집으로 돌아와
일기를 쓰면 부드럽게 달랜다

장맛비 속에서 만난 미소

장맛비 속에서
목장원을 찾아 나섰다
산사태로 가는 길이 막혔다

아쉽지만 발걸음을 돌려
가슴 설레며
수국축제 속 수국세상으로 들어갔다

비에 젖어 애잔한
꽃
장대비에 흠뻑

그래도
활짝 피어
습기를 잊게 하는 미소를 건넸다

여유

초록 잎새
장밋빛으로 물들일 대
나는
부엌에서
따뜻한 차를 준비한다
풍요로운 단풍이
산마다
들마다
노래하는 가을에
그리운 그대
여기에 초대하겠어요

제3장

삶의 길에서

삶의 길에서

인생은 짧든 길든
바람같이 지나가는데

다시 봄은 오고
자화자찬하며 얻은 행복
당신의 사랑이다

꿈같은 인생이 아쉬워
눈물보다 아름다운 것을

노래하고 싶어지는
은빛 세월의 지금

삶은 그래도
아름답다고 말하고 싶다

떠올리는 것만도
가슴 저미며 그리워지니까

미나리

1.
3월
집 앞 실개천에는
연둣빛 여린 잎, 소리 없이 돋아난 것이
괜스레 들떴다

나는 향긋한 향기를 쫓아
실개천을 보고 앉으면
저절로 미나리로 장식한
어머니의 식탁에 이끌려
입맛 돋운다

2.
봄 빛 쏟아지는 날
미나리 꽃 하얀 등위에
물잠자리 앉아
졸고 있다
향긋한
미나리에 취해

가끔
경이로운 자연을 즐기며
오수에 취하는
시인이고 싶다

모란을 보며

오월을 기다리지 못해
사월에
모란이
담장아래 피었습니다

자줏빛 화려한 잎새
나의 여름을 향해
물들여질 때

어머니!
당신의 저고리에
모란 수를 놓는
그 아름다움

올해도
담장 아래
모란은 탐스럽게 피었습니다

오월

두부를 잘 만드시는 어머니
집안 행사 때
온 식구가 새벽같이 분주히
물에 불린 콩
맷돌에 갈았다

부지깽이로 아궁이 불 조절하던 시절
가마솥은 쉴 틈이 없었다

몽글몽글한 덩어리
베보자기에 불끈 싸 담아
맷돌로 누르면
어머니의 손맛은 활기를 찾아서
밥상이 푸짐했다

사랑과 정성으로 만든
하얀 단백질
혀끝 맛이 아니라
그리움의 맛이 되어
어머니가 더 보고 싶은 오월이다

어머니의 봄날

화창한 봄날입니다

떠올리기만 해도
어머니의 인자한 마음이 전해옵니다

어머니의 인내와 정성은
한없는 사랑이었습니다
어머니의 향기로 살아왔건만
되돌아보면
후회스러울 때도 많았습니다
내 스스로 닿지 못하여
어머니!
내 마음속에 항상 살아계십니다

가슴으로 젖어드는 사랑이
어머니와 함께한
추억으로
따뜻한 봄날을 맞이합니다.

비 오는 날

유리창에 빗금을 친다
접어 둔 노트를 꺼내
비에 젖은
내 마음의 풍경을 메모한다

어머니는
비 오는 날이면
콩과 밀을 볶아, 고소한 냄새가
친구들을 불러 모으게 하셨다

까르르
웃기도 잘하던
우리들의 사춘기는
고소한 간식으로 건너가기도

커피를 마시고 싶은 날
이렇게 비가 내리면
지금은 흩어져 살며
서로가 잊어가던 친구가 그립다

내 고향 바다

동해를 따라가면
에메랄드빛
빛나는
내 고향 바다

하얀 포말이
하늘을 치솟듯 번쩍이며
수없이 밀려갔다 밀려오는
파도의 탄생을 환호한다

갯바위 위에 선
해풍이 춤을 추고
하얀 돛단배 한가로이 노 젓는

그 바다
볼수록 그리운
어머니, 나의 어머니
바위 틈 사이 멱 감던
내 어린 시절의 그 곳

내 고향
바다를 그리워하며
아직도 노래를 부르고 있다

그리운 어머니

어머니
부르기만 해도
가슴이 설렙니다

세상 풍파에 시달리며
궂은 일 마다하지 않고
꿋꿋하게 살면서
온갖 정성으로 자식을 기르신

소풍갈 때
분홍치마 저고리 손수 지어
철부지 딸이 좋아하면
환하게 웃으시던 어머니, 내 어머니

하늘색 모시 한복 차려입으시고
함께 하시던
온화한 모습이 눈에 선합니다

나이 들수록 힘든 제례의식
일 년에 열 번도 지내시며

그래도 소홀히 하지 않던 정성은
우리들 성장의 뿌리였습니다

어머니의 허리 굽으실 때
그 나이에 든 여식
어머니, 당신이 무척 그립습니다

보리밥

이른 새벽에
어머니는
우물가에서
버지기에 보리쌀을 팍팍 씻어
큰솥에
콩대로 아궁이에 불 지펴
밥솥이 부글부글 눈물을 흘리면
불을 조절해 뜸을 들였다

뜨거운 김 날려 보낸
식은 보리밥 한 덩어리
채전 밭에서 갓 따온
오이냉국에 말아 먹으면
둘이 먹다가 하나 죽어도 모른다는
옛말에
너도나도 공감했었지

처마 아래 달려있던
보리밥 소쿠리
참새도 기웃기웃

제비도 기웃기웃
나는 구수한 그 맛에
고봉밥 한 그릇 싹 비웠네

김장

어머니의 김장은
우리 집의 겨울나기다

김장하는 날은
온 식구가 분주하고
이웃 사람도 들락날락
잔치 집 분위기가 되어 흥겹다

어머니의 어머니가
그 어머니가 딸에게 며느리에게
전수되는 감칠 맛
은연중 가문의 손맛으로 매김 되어
전통을 잇 는다
장독대 옆에 구덩이를 파고
묻어 둔 항아리에서
때마다 꺼내는 김치의 감칠 맛

겨울이 가고
춘삼월이 와도 밥상에서
떨어지지 않던 인기는
어머니 손맛의 인기

그 밤은 짧았다

긴 겨울밤이면
문득문득 먼 회상에 젖는다

출장을 다녀오신
아버지의 기침 소리에
놀란 딸들
화롯가에 앉혀놓고
이런저런 이야기해 주셨다

선물로 받은 내 꽃고무신
헐렁헐렁해
글썽거리던 눈물
훔쳐 주셨던 아버지

호롱불 켜 놓고
바느질하시던 어머니
일손 놓고
도란도란 이야기 속으로
화기애애해지던 밤

긴 동지섣달 밤이라 해도
짧았다. 그 밤은

나의 아버지

공직생활을 하시며
파란만장한 삶
살아오신 분이셨다

술과 담배는 하시지 않았으며
매사 철두철미하시어
청렴의 도리에 맞지 않는 일
절대 하지 않으셨다
독립운동하셔서
서대문 형무소에서 옥고를 치르셨다

인터넷에
'일제감시대상 인물카드'를 쳐서
김만갑 경상북도 경주군 검색하면
일제감시대상인물이셨다

출감하시고
일제시대에 시험에 합격하여
읍사무소에 근무하셨다
일제시대에 공무원을 해서

독립유공자 칭호를 받지 못하였으나
민선으로 읍장에 당선되셨다

돌아가실 때까지 대서를 하셨고
마을회관에서 청소년에게 한문을 가르치셨다

내가 본 아버지는
청淸 신愼 근勤 하신 분이셨다

검정고무신

세월이 흘러도
잊어지지 않는
초등학교 다닐 때의 일이다

어머니를 졸라 어렵게 산
검정고무신
옆집 내 또래 개구쟁이가
자기 신이라고 빼앗아 가버렸다

개구쟁이의 장난은 끝이 없이
재기가 되고
축구공도 되어
수난이 이만저만이 아니었던
검정고무신

아무리 둘러봐도
사라져 보이지 않던
검정고무신을 포기하고
터벅터벅
맨발로 집에 갔다가
어머니한테 크게 혼났지만

꿈속에서 찾아 헤맸던
검정고무신

출장 갔다 오신 아버지
흰 바탕에 꽃무늬 고무신을
사다 주셨지만 그래도 서운했다

세월이
굽이굽이 흘러갔으나
잊어지지 않는 추억의 애환이다
내 검정고무신

설날 풍습

섣달 그믐날
해묵은 먼지를 털어내고
밤이면
온 집안에 등잔불을 켜놓고
조상님을 맞이한다

차례를 지낸 후
세배를 하고 덕담을 나누고
무병장수와 복운을 기원하며
맑은 마음으로
한 해를 시작하자는 의미로
하얀 떡국을 먹는다

어머니는
밤을 지새우며 만든 설빔으로
새해 아침에
자식들의 고운 맵시에 흐뭇해 하셨다

남정네들이
마당에 멍석을 깔고 윷판을 벌리면

아낙네들은
나서지는 못하지만
흥겨움을 감추지 못하는 설날

뒤뜰에서
한 가닥 댕기머리를 찰랑거리며
한복을 차려입고
널뛰는 아가씨들
멀리서 바라보아도
총각들 마음 설레이는
설날이다

추석

보고 싶은 얼굴이
그리움으로

어머니가 그랬듯이
문 밖을 서성이며
발자국소리를 기다리네

달보다 둥근
달처럼 하얀

송편을 빚으며
한 둥지 사랑으로 자란 꽃
활짝 웃는

정성들여 올리는 차례 상
세월에 따라 달라졌으나

성묫길 나서는 마음
그리움은
보름달보다 크게 차오르네

의학박사의 현재

부모는
자식이 태어나면 꿈을 꾼다

세상에 나갈 때
어떤 날개를 달아줄까

그러나 날개는
부모가 달아주는 것이 아니라
스스로 단다는 것을 안다

"공학박사 될래요"
다섯 살 때 던지는 말에
나의 꿈은 희망으로 바뀌어
가슴 속에 자리한 기다림

이제, 병원을 개원한 의사로서
행복과 즐거움으로 살고 있는
네 모습 보는
내가 즐겁다

제4장
솔잎 향기를 그리다

가을엔

하늘은
꽃빛
더 없이 높다

나도 함께 높아
고고해지고 싶은
계절

시인의 자리에 호젓이 앉아
하늘을 우러러
글을 짓고 싶다

고향집 감나무

허전한 마음
눈 감으면
어릴 적 뛰 놀던 고향이 선하다

밥상 차려 놓고
"밥 먹어라"
하시던 어머니 목소리 귀에 쟁쟁거리고

봄이 오면
대문 앞 감나무 밭에는
하얀 감꽃 떨어져
실 꿰어 노는 아이들 불러 들였다

달짝지근한 감꽃 먹는 맛
행복이었던 시절 엊그제 같은데

감나무는 늙어
나뭇가지에 달린 바람조차
다 떨구고

감꽃 떨어지는 소리만
가득할 것 같다

사랑의 엽서

낙엽은
고즈넉한 오솔길에 모여 앉아
스산한 바람에 울고 있다

물소리 새소리 바람소리에
가을은
그리움 지우지 못해
나뭇잎을 물들이는 밤

마당을 쓸고 있는
달빛 그림자에
그리움 내려앉는 창가에서

그대 그리워
가을 향기 가득 담은 노래
엽서를 채워간다

코스모스의 가을에서

여름은
코스모스 길에 꺾였다

코로나의 암울함 속에
갇혔던 마음이
보드라운 날개를 펴고
앉았다

한순간에 마스크의 압박에 놓인 사람들
…에게는
예전 그대로
가을 길섶에서 하늘거리며
방긋거리는
코스모스의 가을이 희망이다

시인의 계절

청명한 햇살
나뭇가지에 꽃잎처럼 걸려있다

참새 떼 쫓는
허수아비 춤사위 속에
들녘은 황금빛
한낮 햇볕만 따갑다

단풍은
산을 뛰어 내려와
물들어 곱고

나는
세월에 부치는 편지를 쓰느라
별빛 밤조차 잊는다

석류의 시월

시월에
석류나무 곁에 가면
속살 채우는 소리
빨갛다

아직 가을인데

투명한 햇살아래
노을빛 붉다

형형색색 고와서
네 이름 단풍

한 폭 수채화
가을 속에서

서녘을 넘으면
거기 어디냐

아직
가을인데

수숫대 머리에 앉은 바람소리

들녘은 속살 채우기 분주하더니
귀뚜라미 소리에 별빛 밤은
깊어간다

풀잎들의 침묵을 깨는
찬 이슬에
유난히 반짝이는 새벽엔

아침을 준비하는 작은 새소리가
어른이듯 기침하고

수숫대 머리 위에 앉은 바람소리에
단풍이
산등성이를 타고 내리면
아, 시월이다

가을 만찬

풍성한 만찬 준비로 분주한
들녘

채마밭에는
울새들의 휘파람소리 청아하다

갈무리에
뜬 눈 지새워가며
농부들의 흥얼거리는 춤사위
풍년을 맞이한다

갓 길에 핀
가냘픈 코스모스
산꼭대기에서부터 내려 온
단풍과 어울리는 만찬

바람도
함께 무르익어 물들고 있다

낙엽 한 잎

아쉬운 이별의 사연 담은
가을엽서
그리움 싣고 날아간다

녹음의 세월도
벗고
떠나는 낙엽 한 잎
뜨겁게 살았던 지난날을
가슴에 안고 간다

세월이여
세월이여
때가 되면
다시 돌아와
아직 마르지 않은
붓 끝에서 그리움을 찍어라

입동

찬 햇살은
나의 외투를 두텁게 한다
황금빛 결실이 끝나는 들녘은
철새들의 먹이농장이 되어
다시 살고 있다
이러한 풍요 속에서도
한기를 느끼는 까닭은 무엇인지

잎사귀를 떨어뜨린 나뭇가지
가늘게 떨고 있는
입동의 입구에서
한 해의 뒤안을 보는
나는
외롭다

그대에게 편지를 쓰고 싶은 날

풀벌레 소리에 달빛이 쏟아진다

갈바람 속삭이는 소리에
나뭇가지마다 물들고

잠 못 드는
달
창가에
그림자 비출 때
그대에게 긴 편지를 쓴다

커피 한잔의 유혹

늦가을의 스산함이
온몸에 스며들 때
따듯한 커피 한 잔의
유혹이 그립다

뽀얗게 피어나는 그리움
문득 보고픈 사람이 생각날 때
외로움 달래줄
커피의 유혹이 그립다

낙엽이 떨어지는 것을
풍경으로 보는 여유
햇살 드리우는 창가에서
커피 한 잔과 마주한다

겨울의 끝자락

생명이 움트는
대지
따스한 햇살에
유난히 반짝이고

흰 눈을 털지 못한
매화나무 가지에
꽃망울을 틔우고 싶어
온몸이 꿈틀거린다

봄의 전령사이듯
내리는 비
서둘러 겨울을 보내고
봄을 맞이했으면 좋겠다

숲길을 걸으며

온통
하늘을 뒤덮을 듯 늘어선
편백나무는
하나처럼
고즈넉한 분위기를 연출하고 있다

마음을 가라앉힌
우울이
저절로 껍질을 벗는
숲길에서

상념에 잠겼던
기억이 아름답게 채색되어
그리움의 노래를 짓는다

주마등처럼 펼쳐지는
너와 나의 이야기
숲속의 새들이 먼저 와서
지저귀며 반기는
수정산 오솔길은 편백향의 터널이다

지하철 여행

지하철 1호선을 탔다가
2호선으로 환승, 남양산으로
쑥 캐러 나섰다

코로나 팬데믹 현상이
나날로 확산되지만
지하철은 숨도 못 쉬게 꽉 찼다

눈만 빼꼼 내놓고
눈 마주칠까봐
서로 외면하는 사람들

지하철 안의 복잡한
풍경을 외면하고
휴대폰으로 여행하는 사람들

지하에서 지상으로 나오면
저 멀리 아련한 강줄기
그늘진 마음 씻어주는
낙동강 푸른 물결

쑥 바구니는 채우지 않고
지하철 여행만 하고 돌아왔다

솔잎 향기를 그리다

젊음이
늘 내 곁에
존재할 줄 알았다

봄꽃보다
잘 물든 단풍같이
아름답게 살고 싶어
삶의 그리운 이야기를 모아
글을 쓴다

새로운 도전은
더 절실하여
사물이 아름답고 영롱하게
다가오고 새롭게 보여 져서
나의 즐거움이다

마음은
언제나 청춘,
푸르른 솔잎처럼 향기롭고
곧게 살리라 하던 시절은 갔지만
그래도 솔잎 향기를 그리며 살리라

꽃바람

맹추위를 견딘
꽃바람
꽃샘추위쯤이야 가볍게 물리쳤다

사랑이여!
저 바람 좀 보오!

꽃바람에 산천을 다 내어주고
저는 저대로 형형색색 옷을 입고
사방팔방 향기를 뿜어 대는
저
꽃바람,

꽃바람이 아니면
뭐란 말인가요?

감사함을 생각하다

현실의 무게 속에서
바삐 살다보니
당연하게 생각하고
고마움과 감사에 인색했습니다.

허리 펴고 등을 기대고 앉으니
지나간 세월에 감사할 일이 너무 많아
가슴이 벅찹니다.

불현듯 떠오르는
그 감사함은
사소한 일에도 즐거워하고
행복해 하던
당신과 가족이 있었기에

고맙습니다.
감사합니다.

오늘도 살아있음에
세상이 나와 함께 있음에
하루하루 즐겁게 살아가겠습니다.

제5장

인생의 뒤안길

나목裸木

살아가면서
내려놓는 것을 배웠다

내려놓으면
또 채워준다는 것을
알게 되었다

처음에는
두려웠으나
이젠, 그 두려움이
인내가 되었다

그리고
기다리면
찾아온다는 것을
찬바람 뒤에
훈풍,
봄이면 움트는 가지가 아름다울 것이다

겨울나기

이른 봄
햇살이
눈 덮인 언덕 위를
포근히 감싸고

심술궂은 삭풍에 숨죽이고
마른 덤불 밑에
인내하며 졸다가
따스한 햇살 웃음소리에 깨어나
고개 내민
향긋한 쑥

겨우내
미루어 두었던
밥상 위에
봄의 향기가 물씬 풍겨온다

뒷동산 동백

산책길이 고요하다
매서운 칼바람에도
초연히 피어난
여인네 입술처럼
붉디붉은 동백꽃의 기다림 속에

겨울 햇살을 살금살금 문
나뭇잎의 진초록
꽃샘바람에도 흩날리지 않고
고요는
나를 기다리는 듯

서녘을 넘는 동백꽃

뚝뚝
떨어져 내리는
동백꽃이 처연해
오늘 하루
태양이 진다

외로움

말없이 세월은 또 흘러가고
낙엽 지는 소리 소슬하다

달빛도 흐려
갈 곳을 잃고
쌀쌀한 바람에 시린
가로등의 그림자를 기대고

그리움으로 움츠린 채

기다려도 오지 않을
그대를
그리워한다

삶의 그루터기

여명이 트기 전에
울리는 벨소리에 슬픔을 예감한다

친구의 평생지기가
오래된 병원신세를 끝내는
부고다

이별하지 않고
사는 세상
어디 없을까

누구나 만나면
헤어지는
삶의 여정

꽃바람 따라
편안한 여행을 떠났다고 여기면서도

속절없는
세월의 절벽에 서서
후회를 고백한다, 잊어지지 않는…

옹이가 되어
아픈 것도 떨어뜨리자 하는
내 나이도 어지간하게 무겁다

이별 뒤에

세월은
이별한 뒤에야
지울 수 없는 그리움으로 머물게 한다

꽃이 피었다 지는
자연의 이치를…

살고 죽는 것은
누구나 겪어야 하는 인생경로이건만
떠나간 후에야
더 애절하게 생각이 난다

우연히 찾아갔는데
평소 좋아하던 빵
푸짐하게 사다주던 너의 다정함

젊어서
떨어져 사라져 버린
한 송이 꽃떨기이야기에

네가
애닮아 아픈 가슴
늦게야 운다

겨울은

찬바람에
나목이 울고 있다

찬 서리 맞고
스러져 누운 들풀들의 서러움
겨울은 외롭다

파란 보리밭에 간밤에 내린 눈
훌훌 허공을 날아다녀도

멀뚱멀뚱 쳐다보는
강아지, 신나게 뛰어보지도 못하고

녹아 사리진
그 흔적에도 춥다. 겨울은

인생의 뒤안길

인생길 뒤돌아보면
시련과 고난의 응어리
풀고 싶었던 적이 셀 수 없네

다 바람같이 지나가는 것을…

눈물 없이 사는 인생
없다는 것을 알면서도
용납되지 않을 때가 많았다

인생은
참고 견디고 살아내 보면
삶의 소중함도 그 속에 있다는 것을

다 바람같이 지나가는 것을…

청사초롱 불 밝히다

청사초롱을 밝히던 날
선물을 받은 찻잔

장식장에서 오래도록
세월을 보내다가

날마다
나의 입술과 입맞춤 한다

장식장 속에서
엄하게 자리 잡고 있던 것을

추억만으로
두기에는

나의 사랑과 함께
또 다른 세월을 보내고 있다

꽃길

나는 꽃길을 생각 한다
계절마다 피는 그런 꽃길

꽃은 화려하다
꽃은 향기롭다

빛과 어두움이 공존하는
인생사에서
화려하고 향기롭기만 한 것이
어디 있을까

지나간 계절
지난날의 시름 다 날려 보내고
나의 사색은
꽃길을 찾는다

나에게 꽃길이란
나의 시 찾아가는
길

태국에서

금빛 찬란한 사원의 행렬
온통 황금빛이다
불교나라의 첫인상
화려함에 따라

메콩 강으로 향한다
삶의 터전인
집 그대로의 강 위에서
세월과 함께 살고
노를 저으며
배를 타고 장사하는
자연 그대로의 삶이다

전설 속 풍경처럼 살아가는
순박한 눈빛에
이것저것 흥정을 끝내고

코끼리 등을 타야할
밀림으로 향한다

여행이란
상상을 초월한
공간이 한없이 넓다

마음에 비추어

모나지도
둥글지도 않는
비단결이라고

연緣에 의해 흔들려
분동을 일으키는
나의 삶에 나를 살아오게 한 영혼

사랑과 미움과 행복과 불행을
탐욕과 원망도 없이 담아두고
나의 시간들을 어루만진다

저울의 무게가 사라지는
새털같이 가벼운 마음

갈대같이 흔들려도 잠시뿐
다 비우고 다 내려놓는

내 마음 따라
세상을 아름답게 보는 것을
나의 삶의 피날레로 삼고저 하네

숙제 앞에는

숙제는
나이가 들어도 부담스럽다

원고지와 펜을
책상 위에 두고
하릴없이 스치는 생각에 묻혀
시간을 보낸다

숙제를 다 하면
예전이나 지금이나
뭔가 다 끝나 버릴 것 같다

생각에
생각이 갇혀있는 동안
여명이 밝았다

45년 전통에서

45년 전
딸이 유치원 졸업할 때
만들어진 어머니 모임
희로애락의 계절도
강산이 변한 만큼 변했다

가정을 이룬
아이들이 서로를 잊고 살지만
그들의 이야기로
매달 꽃을 피우는 어머니들

배우자가 떠난 이들도 있어
가슴 아픈 만남이 되기도 한다

그냥
이대로
사는 동안 다달이 만나자는
약속을 굳건히 하고…

음식솜씨가 남다른
한 어머니 식당에서
앞으로 60년은 더 만나자고…

약속을 지키려면
서로의 건강과 안부를 챙기자는
당부를 잊지 않고
헤어져 돌아오는 발걸음 속에
세월의 부축이 씁쓸하다

건망증

시어머님 아들 생일 날
술과 과자를 사시고
잔돈 삼천 오백 원 받지 않았다고
긴 밤 지새우셨다

"아깝다, 가게 가봐라"
무거운 발걸음은
가게 주인의 폭언에 겸연쩍었다

"어머님, 받아왔습니다"
내가 한 거짓말에
"그 봐라 만원 준 게 맞제"

왜 저러실까
도저히 이해를 할 수 없던
가게 주인과의 실랑이

이제 내 나이
어머님의 그때 나이에 들고 보니
건망증이 제일 두렵다

12월 달력을 보며

한 장 남은 달력
벽에 등을 바짝
붙이고 있다

낙엽을 떨어뜨리고 나면
봄을 기다리는
나목과 다르게
지나간
해는
돌아오지 않는다

세월의 도장이 듯
허무의 주름
찍는
12월의 달력을 보며

해송의 노래

솔숲 향기는
철썩이는 파도소리에 젖어
인고의 세월을 견디고 있다

선비의 기품을 잃지 않는
향긋한 향기

세상의 온갖 변화와 애환
나이테 속에서
삭이고

비바람 휘몰아쳐도
언제나
변함없이 묵묵히 섰다

수려한 숲에
안식을 삼고
찾아오는 사람들

푸른 소나무 곁에서
넘실대는
파도의 노래를 듣는다

제6장
그리운 고향 길

벚꽃이 필 때면

그 해 생신을 지내고
3일 만에 돌아가신 아버지
기일에 맞춰
벚꽃이 피고 진다

기일이면
생신 때가 그립고
생신날이면
기일을 약속하는 기다림의 우연

사방에서 모인 형제자매들이
하얀 밤 지새운 채
먼동을 틔우던
고향집에는

텃밭에서
쌀쌀한 봄나물들의 향긋함이
어머니의 손맛을 추억하는
시간들이 아기자기 있다

그리운 고향 길

마당에는 봄이 화사하고
언덕에는 찔레꽃 향기가
산을 쫓아 오르면
아카시아 꽃 하얗게 피어
내 고향은 온통 봄에 쌓였다

고향길을 막막하게 하는
코로나로 인하여
부모님 기일을 두 해 놓친
애린 가슴을 무슨 말로 표현할까

부모님께 올리고 싶은 글
눈물 속에
썼다 지우고 썼다 지우는
불효자는 마스크로 말문을 닫고

집 뒤 둑에는
입 맛 돋우는 머위 무성하게 자라
이제나 저제나
나를 기다릴 텐데…
고향 가는 길을 향해 창문을 열고

한 달음에 달려가고픈 마음을
그런 날
빨리 왔으면…

귀농부부 이야기

귀농한
노부부의 첫 작품은
고추재배였다

수확의 기쁨으로
밭이랑 사이로 넘나들며
행복을 짓는 일, 날마다 하며
마음은 설레었다

누구의 질투였는지
푸르게 매달린 고추밭에
폭우가 쏟아지고
천둥 번개소리가
난리법석을 피워
사라졌다
안토란 같은 터

수해의 얼룩은 깊었지만
사랑으로 다시 일어 세웠다

뜨거운 햇살에
젖은 마음을 말리고
시름에 잠겼던 밭
푸른 희망으로 물들었다

외딴집 이야기

인적이 뜸한
외딴집
사방이 산으로 둘러 싸였다

집 뒤안 댓잎은
바람에 서걱서걱 거리면서도
서로를 의지하고
마당 어귀에 자리한 장독대
햇살아래 유난히 반짝였다

이른 새벽, 들에 나가 찬 이슬 맞으며
별 보고 돌아오는 한 평생
동고동락 하던
농기구들
집을 지키는 지킴이가 되기까지

세월은 한참
부부의 노후와 함께 했다

보리밭

언덕배기 해오름에
파릇파릇 고개 내 밀어
이불 삼은 하얀 눈
햇살에 스몄다

언 땅
위에
희망의 노래를 부르는
보리밭에는

이랑마다
봄나물이 함께 숨 숨쉬며
찬바람도 데워가는
정情 있어

친구야!
다 어디 있니
내 고향 보리밭으로 푸른 봄처럼
새록새록 그립다 내 친구야

토종

초등학교 때
친구 집에 갔다

산골마을 양지바른 초가집
마루도 없는 처마 밑
흙 축담에 큰 굴뚝같은 흙 벌집
초겨울 따사로운 햇살아래
벌들이 들락날락하며
가족 같은 분위기에 자연스러운 생활이었다

벌은
주위환경이 맑고 깨끗해야 하고
토종꿀은 만병통치약이라며
그때
벌통은 마치 보물창고처럼 보였다

고향 가는 길
아스라한 기억의 설렘으로
골짜기를 바라보면
줄줄이 서 있는 꿀벌 집

흙냄새 풍기는 산골 마을에서
시혼을 깨우며 살고 싶다

증오

어처구니없는
말 한마디
가슴에 불 지르면
분노로 상처 받은 마음
새까맣다

참기 힘든 고통
웅크린 가슴을 다스리며
마음의 문을 열고
내가 먼저 스스로
대화를 이끌어낸다

인생이 별것 있나
다 어우러져 살아가는 세상…

증오는 내가 만들지 않으면
생기지 않는 것 같아도
상대가
무심코 던지는 말
그 속에 비수가 있어
아픈 것을 감당할 수 없을 때
생기는 것이다

한파

살을 에는 추위
온천지가 꽁꽁 얼어붙었다

흔들리는 유리창 밖으로
벌거벗은 나무들이 울음소리
윙~
윙~

엊그제 잠시 올라간
기온으로 고개를 쑤욱 내민
개나리의 미소까지 얼어서
샛노랗다

지구온난화로
예측할 수 없는
난감한 기온의 지그재그

바람아 이제 멈춰라
멈추어다오
제발,

생명수

친구 집 가는 길
늙은 감나무 밑 샘물
한 여름엔 얼음물이었네

8월의 무더위에 지친 목젖 가시려고
일부러 찾아가는 초가집 길목의
샘물은
뜨기만 해도
여름이 줄행랑쳤네

올여름 더위에
에어컨 바람도 진땀을 빼고
돗자리도 소용없이 몸에 붙는데
그 샘물을 찾아
한 바가지 꿀꺽꿀꺽 마시면

여름이 가겠네
여름이 가겠네

들국화

가을빛 짙어가는
길섶에
발길 머무르게 하는
소담하게 핀 들국화

앙증맞은 꽃잎은
바람결에 나부끼며
은은한 향기
코끝에 와 닿으니

그대가 좋아하던 꽃
그대가 생각나게 한다

예전의 봄을 기다리며

코로나19의 확산으로
마음은 더 얼어붙어
문 밖을 나갈 수가 없다
봄바람이 불어도

당연하게 생각하던
지난날의 소소한 일상들이
얼마나 소중한 행복이었는지

바람결에 실려 오는 꽃향기에 젖으며
휘날리는 꽃비 속을 걷는
내 모습 그려 본다

햇살 따사로운 창가에
도착한
꽃의 향기처럼

지난날 서슴치 않고 꽃 마중 하던
예전의 봄, 언제쯤 올까

찔레꽃

뻐꾸기 구슬피 우는 계절

산길 어귀
푸른 숲에
곱디고운 향기로
누가 봐주는 이 없어도
하얀 미소 짓는 찔레꽃

찔레꽃 피는 오월
보릿고개를 겪어온 세대들의 가슴엔
쓰라린 눈물의 꽃

달빛이 내려앉는 외로운 밤
소복의 여인처럼
꽃으로 피어나 웃고 있다

폐교의 그림자

폐교 앞을 지난다
머리에 서리가 내린
나의 가슴을 설레게 하는
운동회 날 환호성이 들린다
1등을 하고 싶었던 달리기
담임선생님과 손잡고 사람 찾는 경기에서
1등을 해서 벅찼던 감동
그때의 만국기는
나를 위해 펄럭였다
지금,
아이들 목소리가 사라진 운동장
폐교를 지키는 느티나무
을씨년스러운 가을을 보내고 있다-
춥다

신축년을 보내면서

코로나19로 하루를 경계하며 살던
신축년이 지나간다

현실은 너무 각박하고 힘들어
온통 전쟁을 방불케 하는
세상이 되어
단 하루도 마음 편하지 않았다

쏟아지는 문자는 불안을 더 초래시켜
한 순간도 마스크를 뗄 수 없었고
죽었다는 비보에 익숙해지는
상상할 수 없는
세상이 되고 말았다

새해 아침에 떠오를
태양의 힘찬 기운으로
암울했던 시름 다 날려 보내고 싶다

모든 사람들이
코로나19가 종식되기를 갈망하고
소망하는 꿈이 이루어지며
평화로운 세상이 오기를 기원한다

그날, 함성

코로나19는
올림픽도 주춤거리게 했다

일본 열도를 달구는 것도
1년 뒤로 물린
도쿄올림픽이다

가만히 있어도 옷이 젖는
무더위 속에 치르는
우리 선수들의 최선에
열렬한 응원을 멈출 수가 없다

코로나19의 폭력에
집안에서도 벗을 수 없는 마스크
푹푹 찌는 여름이지만
우리는 대한민국이다

함성을 세계 방방곡곡에 알리는
지금의 기회를 놓치지 말자

나의 응원은
올림픽이 끝나는 날까지
태극기를 흔들 참이다

여행길에서

3남 2녀가 떠나는 여행길
당신만 없어서
홀로 슬펐다

차창 밖으로 스쳐가는 풍경들
당신과 거닐던 하동 솔밭이 기다리고 있지만
역시 여기에도 당신은 없다

설레며 떠나는
시숙님의 팔순기념 여행에서
나만의 슬픈 눈빛을
누가 보았을까

만감이 교차하는 지난 시간이
주마등처럼 떠올라
지리산 푸른 산길은
나에겐 온통 슬픔이었다

무궁화

우아한 향기 품은 채
끈기 있게 피고 지며
새벽이슬을 머금고

슬펐던 우리 역사
함께 하면서
아픔의 그늘도 함께 지워가는 꽃

영원한 우리 민족
겨레의 꽃
무궁화 꽃이 피었습니다

선조들의 강인한 정신을
영원무궁 피어내는 인내

우리 대한민국의 자랑
우아한 자태, 그 고귀함
무궁화 꽃이 피었습니다.

나라사랑

자랑스러운 대한민국 국민이라는
자부심을 갖고
주어진 사명에
내 자신의 자리에서 아름다움을 만든다
철학부재의 시대라고 불리는
현대의 어둠 속에서
반짝반짝 빛나는 광채처럼
행복의 꽃을 피운다
인간은 누구나 최고를 꿈꾼다
높고 낮음에 연연하지 말고
내 나라
내 조국
내 가정을 소중히 하며
서로 신뢰하고 서로 애정을 갖고
나라사랑하는 마음으로
사회의 일원으로 거듭 나기 위해
하루하루 희망을 불태우며
행복한 인생을 만들어 간다

송년

한 해의 끝
그날이 그날 같은 날
절벽에 섰다

노을은
황홀하게 지는데

시간은 태연하게
삶의 무게에 얹혀있다

어느 새 여기가지 왔는지
미련 없이 보내고
보낸
한 해의 마지막 날

그냥 떠나보내는 것은
아니다, 정말 아니다 싶어

새해를 위한
소망을 쓴다
인생 여정을 감사하며 살겠다고…

| 해설 |

삶과 자연, 그리움의 거리

박미정 | 시인·문학평론가

1

 김옥화의 첫 시집 『삶의 길에서』는 "나이 든 것을 / 후회하지 않는 것을 배웠다/ 자연으로부터/ 자연스럽게 흐르며 사는 것이/ 얼마나 소중한지"(「자연스럽게」에서)처럼 자연의 흐름이 삶의 길에 주된 소재가 되어 삭임과 연민의 감정을 자연스럽게 표출하는 시들이 많다. "연둣빛 잎사귀/ 초록의 다리를 건너간다// 싱그러운 계절에 생각나는 청춘/ 언덕을 물들이는/ 하얀 아카시아 꽃처럼/ 향기로 왔다"(「청춘예찬」에서)처럼 자연을 통해 과거의 시간을 소환하고 있으며, "4월의 신부처럼/ 은근한 미소를 띠는/ 목련// 밤사이/ 틔운 꽃망울/ 송이송이 하얗게/ 탐스러운 아침을 선사한다"(「목련」에서)처럼 자연을 통해 현재의 시간을 정서적으로 맞이하기도 한다. 그리고 "한순간에 마스크의 압박에 놓인 사람들/ …에게는/

예전 그대로/ 가을 길섶에서 하늘거리며/ 방긋거리는/ 코스모스의 가을이 희망이다"(「코스모스의 가을」에서)에서 현실의 상실감을 제어하는 장치로도 자연을 빗대기도 하고 미래지향적인 희망을 노래하기도 하여 시인의 시적 진실이 자연으로부터 받아지고 있음을 의미한다. 여기에서 자연은 나를 중심으로 한 외적 존재임에도 불구하고 그 영향력이 정서를 유발하여 삶의 편린을 담는다. "단풍은/ 산을 뛰어 내려와/ 물들어 곱고// 나는/ 세월에 부치는 편지를 쓰느라/ 별빛 밤조차 잊는다"(「시인의 계절」에서)의 감정을 획득하여 시인의 시에 귀납되는 시인의 계절을 만든다. 이러한 자연물 도입에서 "어머니!/ 당신의 저고리에/ 모란 수를 놓는/ 그 아름다움// 올해도/ 담장 아래/ 모란은 탐스럽게 피었습니다"(「모란을 보며」에서)라고 하는 그리움의 자각을 감각적으로 창출하여 자연에서 찾아낸 그리움의 시론이라고 해도 될 것이다.

2

첫 시집에서 김옥화는 삶의 길에서 자연이 차지하는 진실을 모순으로 삼지 않고, 진실성으로 승화시켜 동행한다는 관점으로 놓이게 한다. 그렇게 함은 적극적인 자아의 심지를 지키고자 하는 정체성에 가깝다고 하겠다.

꽁꽁 얼어붙은 대지 위에
서둘러 나온
햇살이 따사롭다

등을 살살 녹이는
따뜻한 기운이
새싹을 조만간 불러오겠지

겨울의 흔적을 지우지 못한
앙상한 나뭇가지 사이사이 들려오는
연둣빛의 기척

외투를 가볍게 하고
미루어 놓았던
식탁의 장식을 사러 간다

— 「외출」 전문

'외출'은 일상의 소소한 행복을 노래한다. 그렇지만 노래하는 언어가 수용하는 지각과 감각이 상쾌하여 거기서 발생하는 즐거움이 적극적이며 행복을 강화한다. 햇살의 외출을 기점으로 얼어붙은 대지가 녹고 그 따뜻한 기운이 새싹을 불러올 것이라는 상상력은 미래를 기다리게 하는 추동력이 된다. 자연과 나와의 관계는 순수한 관계로서 진실을 전제로 하고 있다. 그러므로 자연이 드러내는 특정한 상황 속에의 단일한 행위라 하더라도 나의 '외출'로 연결 짓는 작용을 효과적으로 할 수 있는 것이다.

그렇다면 시인은 왜 자연과 나와의 관계를 주저하지 않는가? 그것은 자연의 순환이 나의 시간과 소통하여 시인의 서정이 지닌 그리움의 존재론이 세월과 교감하는 것을 다음 시에서 볼 수 있다.

    1.
    영원히 함께 살 것처럼
    몇천 년이라도 그렇게 살 것처럼
    우리는 사랑했다

    티격태격하는 것도
    사랑의 일부라고 웃음으로
    막을 내리던 적도 많았다

    세월은 그런 우리를
    가만히 봐 주지 않았다

    세월의 시샘이었을까

    2.
    어느 날
    찾아온 이별은 감당할 수 없는
    괴로움이었다

    세월은
    병도 주고 약도 주고

지나간 것을 잊게 했다
그러나 사라지지 않는
달빛 그림자처럼

내 가슴에 내려앉아 있는
그리움은
세월이 가져가지 못 한다

— 「월영」 전문

　시인이 지닌 그리움의 존재론이 내면의식이자 내면 밖 나의 문제임을 잘 드러내고 있는 시이다. 그리움으로 치환되기 이전에 세월에 의해 괴로움으로 정신세계에 밀착되어 시적 자아를 투시했다. '우리'는 그리움에 침잠되어 있는 존재이다. "티격태격하는 것도/ 사랑의 일부라고 웃음으로/ 막을 내리던 적도 많았다"라고 하여 추억으로 상기하면서 사랑으로 막을 내리는 것은 그리움에 대한 옹호와 그것을 동시에 갈망하는 동경이 내재한 정신세계라고 하겠다.

　"말없이 세월은 흘러가고/ 낙엽 지는 소리 소슬하다// 달빛도 흐려/ 갈 곳을 잃고/ 쌀쌀한 바람에 시린/ 가로등의 그림자를 기대고// 그리움으로 움츠린 채// 기다려도 오지 않을/ 그대를/ 그리워한다"(「외로움」 전문) 제목 '외로움'에서 보여주는 이미지가 변용되어 그리움으로 단단하게 다져지는 것은 그리움에 대한 시인의 민감한 감수성이라 판단된다. 이러한 정서는 자학적이지 않고 기질적으로 예민한 그 나름의 그리움에 대한 시의 미학이며 외로움에 의탁한 교감을 그리움의 측면을 추구하고 있다.

"뽀얗게 피어나는 그리움/ 문득 보고픈 사람이 생각날 때/ 외로움 달래줄/ 커피의 유혹이 그립다// 낙엽이 떨어지는 것을/ 풍경으로 보는 여유/ 햇살 드리우는 창가에서/ 커피 한 잔과 마주한다"(「커피 한잔의 유혹」에서)에서는 그리움에 대한 자기 극복을 꾀하고 있으며 고독한 자아의 모습을 표상하고 있다.

> 인생은 짧든 길든
> 바람같이 지나가는데
>
> 다시 봄은 오고
> 자화자찬하며 얻은 행복
> 당신의 자랑이다
>
> 꿈같은 인생이 아쉬워
> 눈물보다 아름다운 것을
>
> 노래하고 싶어지는
> 은빛 세월의 지금
>
> 삶은 그래도
> 아름답다고 말하고 싶다

떠올리는 것만도
　　　가슴 저미며 그리워지니까

　　　　　　　　　　　－「삶의 길에서」전문

　이 시의 제목은 시인의 첫 시집 표제로 발표되었다. 전체적으로 시인의 삶에 대한 성찰을 함축하고 있으며 눈여겨 볼 것은 '당신'이 '삶'으로 변주되고 있다는 것이다. 이러한 방법의 시학은 삶에 대한 인식이 깊은 고뇌로서 저항보다 긍정적이고 현실적인 상황 의식에 대한 변증법이다. 거기에 연유한 강한 생명력을 뒷받침하는 그리움은 삶이 아름답다는 확인으로서 지난 세월을 떠올리는 것조차 그리움으로 설정하여 개성적인 미학을 창출한다.
　시는 시인의 내면의식의 성찰이 표현되어야 한다고 했다. 시적 진실을 추구는 과정과 표현 그리고 빛깔은 시인의 개성이다.

　　　나이 들수록
　　　시간은 더 소중해지고
　　　빈 마음 채우지 못하여
　　　날마다 펜을 든다

　　　지난 일기장을 들여다보듯
　　　추억을 쓰다
　　　지우기를 반복하다
　　　만난 시詩

나의 내면을
스스로 꺼내기가 버겁기는 하여도
슬픔과 외로움의 좋은 벗이 되어 주어
글을 쓴다

한세상 살면서
칠순에 만난
시詩와 동행하여
제2 나의 황금빛 인생을 닦는다

— 「펜」 전문

　시인의 「펜」은 시간에 시선을 돌리면서 자각하는 이미지로 잘 그려져 있다. "나이가 들수록/ 시간은 더 소중해지고"의 구체성은 '나이'에 의해 자리잡은 절망의식이 '나이'에 의해 새로운 극복으로 부상하여 정신적 갈등을 복원하는 상징적 수법으로 '펜'은 자리매김하고 있다. 사물에 대한 시인의 청신한 인식이 "시詩와 동행"이라는 새로운 세계를 맞이하고 "제2 나의 황금빛 인생을 닦는다"라고 하여 생에 대한 경건한 천착을 이루어 낸다. 이와 같이 사물에 대한 사고의 진전이 삶에 개입하듯이 삶 속으로 시적 발화를 자연으로 자연스럽게 이동하여 감각으로 형상화하고 있다. "해식동굴인 용궁/ 용이 승천했다는 전설이 있다// 기암절벽에 부딪히는 파도/ 하얀 포말이 떨어질 때// 나는/ 가끔 여의주의 빛깔을 줍는다"(「거마장」 전문) '용궁'과 '여의주'는 현실과 거리가 멀다. 하지만 시인은 '용궁'에서의 상상력을 확대하기에 이른다.

그의 남다른 언어에 의해 "여의주의 빛깔을 줍는다"의 구체적인 형상으로 보여주는 정서가 그의 유토피아일지도 모른다.

"오월의 햇살/ 낡은 울타리를 깁을 때// 가시를 넘으며/ 투명한 몸짓으로/ 나의 시선을 이끄는/ 꽃송이의 입술에 유혹당한다// 붉다/ 태양의 강렬한 빛깔보다/ 한 잎 한 잎/ 꽃잎들의 빛깔 영롱하여// 오월에/ 나는/ 너를 사랑할 수밖에 없다"(「오월에, 나는」 전문)에서 시인의 관심이 유장한 리듬감을 확대하여 생명의 울림을 담고자 한다. "낡은 울타리를 감을 때"라고 하여 자신의 현재 상황에 오월의 햇살을 오버랩하는 역동적인 구조는 자기애自己愛를 강렬하게 드러내고 있다.

"해질녘 곱게/ 입술을 여는/ 요염한 짓은/ 나를 먼저 유혹하여// 엷은 실루엣을 드리운/ 나의 그림자는/ 더위를 잊는 공작새 되네"(「공작선인장」에서)에서 시인은 자연스럽게 때 묻지 않고 가장 지순한 자연의 유혹을 거부하지 않고 받아들여 동화同化되는 성과를 이루며, 안정을 얻는 확연한 면모라고 할 수 있다. "하늘은/ 꽃빛/ 더없이 높다// 나도 함께 높아/ 고고해지고 싶은/ 계절// 시인의 자리에 호젓이 앉아/ 하늘을 우러러/ 글을 짓고 싶다"(「가을엔」에서) 는 의지를 실현으로 이어져 기도처럼 진지하여 바로 그가 지향하는 삶 자체인 동시에 시에 대한 자세라 할 것이다.

  헝클어진 명상에
  잠을 뒤척이다
  지나간 시간의 서랍장을 열었다

  차곡차곡 밀어 넣어 둔
  기억들이
  뒤죽박죽이 되어 삭아있다

  행여나 추억 끝에 흠이라도 생길까봐
  명주실 타래를 풀 듯
  조심스럽게 살-살 하나씩 끄집어낸
  그것들

  풀어헤치면 한 마당도 넘칠
  그리움이 되어 피고 있다

  글을 심는 백지 위에
  시인의 밤은 사라지고
  서랍장에 오늘의 시간을 접어 넣는다

           -「서랍장」전문

 "잠을 뒤척이는" 현재의 시간을 단절하기 위해 "지나간 시간의 서랍장을 열었다" 이와 같이 현재의 시간을 용인하지 않고 유년의 회상에 개입하려는 시인의 의도이다. 하지만 '열었다'라고 하는 그 자체가 자아의 확장을 말한다. "행여나 추억 끝에 흠이라도 생길까봐/ 명주실 타래를 풀듯"의 태도에서 시인의 평소 맑고 부드러운 태도와 다르지 않다. 여기에서 '서랍장'은 과거의 시간이 그리움이란 의미를 부여한 행복의 공간이다. "서랍장에 오늘의 시간을 접어 넣는다"라고 하여 자기의 위치를 현재에 충실 하려는 의지를 보이면서 지금-오늘의 시간 역시 과거로의 위치를 정하며 균형 감각을 잃지 않는다. "풀벌레 소리에 달빛이 쏟아진다// 갈바람 속삭이는 소리에/ 나뭇가지마다 물들고// 잠 못 드는/ 달/ 창가에/ 그림자 비출 때/ 그대에게 긴 편지를 쓴다"(「그대에게 편지를 쓰고 싶은 날」전문) 라고 하는 것은 현실로도 달래지 못하는 그리움을 안고 있다. 그리고 그 그리움을 사랑으로 달래는 모습을 볼 수 있다. "마당을 쓸고 있는/ 달빛 그림자에/ 그리움 내려앉는 창가에서// 그대 그리워/ 가을 향기 가득 담은 노래/ 엽서를 채워간다"(「사랑의 엽서」전문) 하여 자연의 소리가 그리움의 노래로 변용되어 엽서로 확대되기에 이른다.

3

공직 생활을 하시며
파란만장한 삶
살아오신 분이다

술과 담배는 하시지 않았으며
매사 철두철미하시어

청렴의 도리에 맞지 않는 일
절대 하지 않으셨다
독립운동하셔서
서대문 형무소에서 옥고를 치르셨다

인터넷에
'일제감대상 인물카드'를 쳐서
김만갑 경상북도 경주군 검색하면
일제감시대상 인물이셨다

출감하시고
일제시대에 시험에 합격하여
읍사무소에 근무하셨다
일제 강점기에 공무원을 해서
독립유공자 칭호를 받지 못하였으나
민선으로 읍장에 당선되셨다

돌아가실 때까지 대서를 하셨고
마을회관에서 청소년에게 한문을 가르치셨다

내가 본 아버지는
청淸 신愼 근勤 하신 분이셨다

— 「나의 아버지」 전문

「나의 아버지」는 시간에 시선을 돌리면서 자각하는 이미지로 잘 그려져 있다. 경주는 신라의 고도로서 신라의 향기를 가장 잘 간직하고 있는 지역 중의 한 곳이다. "김만갑 경상북도 경주군 검색하면"의 구체성은 아버지에 대한 존경의 흐름이 느껴지며 자랑스러워함과 함께 그리움 속으로 걸어 들어간다. 시인은 '청清 신愼 근勤'을 아버지의 유산으로 받아들였다고 생각된다. "긴 겨울밤이면/ 문득문득 먼 회상에 젖는다/ 출장 다녀오신/ 아버지의 기침 소리에/ 놀란 딸들/ 화롯가에 앉혀놓고/ 이런 저런 이야기해 주셨다// 선물로 받은 내 꽃고무신/ 헐렁헐렁해/ 글썽거리던 눈물/ 훔쳐주셨던 아버지// 호롱불 켜놓고/ 바느질하던 어머니/ 일손 놓고/ 도란도란 이야기 속으로 들어오시면/ 화기애애해지던 밤// 긴 동지섣달 밤이라 해도/ 짧았다. 그 밤은"(「그 밤은 짧았다」전문) 상황 속에 놓인 그 밤은 가족애家族愛와 더불어 자기실존을 행복스럽게 인식한다. '도란도란' '헐렁헐렁' '화기애애'를 이어가며 부모님과 함께 긴 겨울밤조차 아쉬웠음을 나타내는 '짧았다'의 감동적인 시적 성취를 획득하고 있다. 그리고 「김장」과 「보리밥」등 어머니에 대한 기억과 추억의 회상을 삶의 결로 이어가고 있다. 특히 "어머니!/ 부르기만 해도/ 가슴이 설렙니다// 세상 풍파에 시달리며/ 온갖 정성으로 자식을 기르신// 하늘색 모시 한복 차려입으시고/ 함께 하시던/ 온화한 모습이 눈에 선합니다"(「그리운 어머니」에서)에서 시인은 어머니의 자기희생 바탕 위에서 성장했음을 부인하지 않으며, 자신을 실존케 해준 어머니를 향한 교감으로 사랑을 제시하는 시로 주목할 만하다.

"어머니의 인내와 정성은/ 한없는 사랑이었습니다/ 어머니의 향기로 살아왔건만/ 되돌아보면/ 후회스러울 때도 많았습니다/ 내 스스로 닿지 못하여/ 어머니!/ 내 마음속에 항상 살아계십니다"(「어머니의 봄날」전문)라고 하여 삶의 길에서 언제나 어머니의 숨결을 따르고자 하는 염원을 표현하고 있다.

4

김옥화 시인은 자연을 관조하여 소박한 일상을 표현하고, 기억과 추억, 그리움을 표출한다. 특히 생활 주변의 자연을 감상하고 완상하며 쾌감을 수반하는 미적 향수美的 享受를 직관하여 그대로를 비추고 있어 어렵지 않게 다가가게 하는 부드러운 이끌림이 있다. 그것은 시인의 관조적 입장에서 누구나 통할 수 있는 기후나 가까이에 있는 자연의 식물성을 통해 드러나 소통이 되기 때문이다. 늦은 나이에 문학에 몰입하여 탐구하는 정신은 보편적 감성일 수 없으나 〈삶의 길에서〉란 평범한 화두를 꺼냄으로써 보편적 공감을 자아내고 있어 여운이 깊다.

그러면 아름다운 시 「해바라기」를 감상해 본다.

해님만 보다
얼굴이 동그랗게 되었을까

사랑하다 닮아버려
동그란 얼굴이 되었을까

누가 먼저 사랑하여
누가 먼저 사랑하여

내내
동그랗게 동그랗게